もくじ

光村図書版 国語 3年 準拠

教科書 上

きほん 1

教科書㊤16〜34ページ

どきん
春風をたどって　(1)

月　　日

10分　／100点

1 ——のかん字の読みがなを書きましょう。　一つ7〔77点〕

(1) 詩を楽しむ。（　　）
(2) 言葉のちょうし。（　　）
(3) 国語の学習。（　　）（　　）
(4) 着目する（　　）
(5) 登場のしかた。（　　）
(6) りっぱな人物。（　　）
(7) 気持ちを言う。（　　）
(8) 旅に出る。（　　）
(9) 白一色にぬる。（　　）
(10) 黄金に光る。（　　）
(11) さがし始める（　　）

2 ひつじゅんの正しいほうに、〇をつけましょう。〔5点〕

ア（　）　丶　亠　亣　方　方　方　方　於　旅　旅　旅
イ（　）　丶　亠　ナ　方　方　方　方　於　旅　旅　旅

3 つぎのかん字は何回で書きますか。算用数字を書きましょう。　一つ6〔18点〕

(1) 葉（　　）回
(2) 着（　　）回
(3) 登（　　）回

答えは65ページ

かくにん 1

教科書㊤16～34ページ

どきん 春風をたどって (1)

月　日

10分　／100点

1 □に当てはまるかん字を書きましょう。 一つ8〔72点〕

(1) □(し)を書く。

(2) □□(ことば)をおぼえる。

(3) かん字の□□(がくしゅう)。

(4) 考えに□□(ちゃくもく)する。

(5) 主役(しゅやく)の□□(とうじょう)。

(6) □□(じんぶつ)の名前。

(7) □□(きも)ちがいい。

(8) □(たび)のしたく。

(9) しごとを□(はじ)める。

2 つぎのことばはどのようなようすをあらわしていますか。ア～エからえらんで、きごうで答えましょう。 一つ7〔28点〕

(1)（　）つるつる　(2)（　）ゆらゆら

(3)（　）ぐいぐい　(4)（　）そよそよ

ア　ゆっくりゆれうごくようす。

イ　ひょうめんがなめらかでつやのあるようす。

ウ　風がしずかにふくようす。

エ　強い力でおしたり引いたりするようす。

答えは65ページ

きほん 2

春風をたどって (2)

教科書㊤21～34ページ

月　日

10分　／100点

1 ――のかん字の読みがなを書きましょう。 一つ7〔70点〕

(1) 森の中を進む。（　）
(2) 今日の天気。（　）
(3) 手が動く。（　）
(4) 深いしげみ。（　）
(5) 様子がちがう。（　）
(6) 一人でできる。（　）
(7) 空気をすう。（　）
(8) 物語のさいご。（　）
(9) 場面がかわる。（　）
(10) 二人であそぶ。（　）

2 つぎの言葉のいみを下からえらんで、――でむすびましょう。 一つ5〔30点〕

(1) 見なれる　・　　・ア　小さい声でひとりごとを言う。
(2) 首をかしげる・　　・イ　何回も見てよく知っている。
(3) とぎれる　・　　・ウ　よこになって体をのばす。
(4) 見とれる　・　　・エ　ほかのことをわすれてじっと見る。
(5) つぶやく　・　　・オ　本当なのかあやしいと思う。
(6) ねそべる　・　　・カ　つづいていたものが切れる。

答えは65ページ

教科書㊤21〜34ページ

春風をたどって (2)

月　日

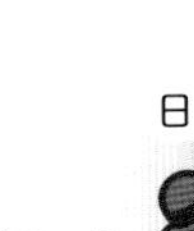

10分

／100点

1 □に当てはまるかん字を書きましょう。　一つ8〔80点〕

(1) まっすぐ□（すす）む。

(2) □□（きょう）のよてい。

(3) 電車が□（うご）く。

(4) □（ふか）い川。

(5) 楽しそうな□□（ようす）。

(6) □□（ひとり）で歌う。

(7) きれいな□□（くうき）。

(8) □□（ものがたり）を読む。

(9) 大切な□□（ばめん）。

(10) □□（ふたり）で帰る。

2 （　）に当てはまる言葉を、□からえらんで書きましょう。　一つ5〔20点〕

(1) うつくしいピアノの音に（　　）する。

(2) 遠足に行くので、朝から（　　）している。

(3) きゅうに大きな声がして（　　）した。

(4) プレゼントをもらって（　　）わらう。

にっこり	うきうき	びっくり	うっとり

答えは65ページ

教科書㊤35～40ページ

図書館たんていだん
国語辞典（じてん）を使おう

月　日

10分　／100点

1 ――の漢字の読みがなを書きましょう。　一つ4〔64点〕

(1) 町の図書館。（　）
(2) 番号で分ける。（　）
(3) たなを調べる。（　）
(4) 辞典（じてん）を使う。（　）
(5) 問いに答える。（　）
(6) 言葉の意味。（　）
(7) 青い湖。（　）
(8) 漢字で書く。（　）
(9) 自由な時間。（　）
(10) 温かいお茶。（　）
(11) あま酒（　）
(12) 算数の問題。（　）
(13) 本の発売。（　）
(14) 人形をかざる。（　）
(15) 文章を読む。（　）
(16) 平気な顔。（　）

2 つぎの言葉を、国語辞典に出てくる順（じゅん）にならべかえて、（　）に1～3の番号を書きましょう。　ぜんぶできて一つ12〔36点〕

(1) みほん（　）　にほん（　）　えほん（　）
(2) たかい（　）　ひろい（　）　あさい（　）
(3) あおい（　）　あまい（　）　あかい（　）

答えは65ページ

図書館たんていだん
国語辞典(じてん)を使おう

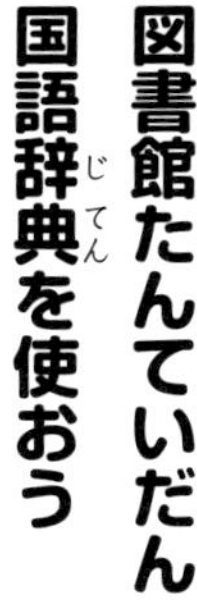

月　　日

10分　／100点

1 □に当てはまるかんじをかきましょう。　一つ7〔91点〕

(1) □□□(としょかん)
(2) □□(ばんごう)をつける。
(3) 辞典(じてん)で□(しら)べる。
(4) □□(いみ)を知る。
(5) 深い□□(みずうみ)。
(6) □□(かんじ)を習う。
(7) □□(じゆう)にすごす。
(8) □(あたた)かいりょうり。
(9) あま□□(ざけ)をのむ。
(10) □□(もんだい)をとく。
(11) はがきの□□(はっぱい)。
(12) 長い□□(ぶんしょう)。
(13) □□(へいき)なふり。

2 ——の言葉を、国語辞典の見出し語の形になるように、ひらがなでかき直しましょう。　一つ3〔9点〕

(1) 妹がかなしそうな声を出した。（　　）
(2) しずむ夕日がとてもうつくしかった。（　　）
(3) よごれはおちそうになかった。（　　）

答えは65ページ

教科書上41ページ

漢字の広場①

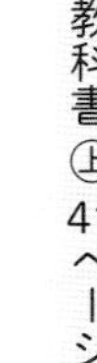

月　日

10分

／100点

1 ——の漢字の読みがなを書きましょう。 一つ4〔68点〕

(1) 牛がいる。（　）
(2) ねこが鳴く。（　）
(3) えきの売店。（　）
(4) 一万円さつ（　）
(5) 同じ形。（　）
(6) きりんの首。（　）
(7) 長い足。（　）
(8) 力が弱い。（　）
(9) 二頭のとら。（　）
(10) 一頭の馬。（　）
(11) 時間がたつ。（　）
(12) 強い力。（　）
(13) 黄色いいす。（　）
(14) きれいな羽。（　）
(15) 道を広げる。（　）
(16) 高い山。（　）
(17) 家の門。（　）

2 はんたいの意味の言葉になっている——の漢字の読み方を書きましょう。 一つ8〔32点〕

(1)
① 人が多い。（　）
② 人が少ない。（　）

(2)
① 物を売る。（　）
② 物を買う。（　）

答えは65ページ

漢字の広場①

教科書㊤41ページ

月　日

10分　／100点

1 □に当てはまる漢字を書きましょう。　ひとつ4〔68点〕

(1) □□(ばいてん)で□(か)う。
(2) □(よわ)い風がふく。
(3) □(くび)をのばす。
(4) □□(いちまん)円の人形。
(5) □□(きいろ)の□(はね)。
(6) 鳥が□(な)く。
(7) □□(にとう)の□(うし)。
(8) □(つよ)い□(うま)。
(9) □(もん)をあける。
(10) やさいを□(う)る。
(11) □(すく)ない□□(じかん)。
(12) 晴れの日が□(おお)い。

2 □に漢字を入れて、はんたいの意味の言葉を作りましょう。　ひとつ8〔32点〕

(1) みじかい ↔ □(なが)い
(2) ひくい ↔ □(たか)い
(3) せばめる ↔ □(ひろ)げる
(4) ちがう ↔ □(おな)じ

答えは66ページ

教科書㊤44〜49ページ

もっと知りたい、友だちのこと きちんとつたえるために

月　日

／100点

1 ――の漢字の読みがなを書きましょう。　一つ8〔88点〕

(1) 話題を決める。（　　）
(2) 家での出来事。（　　）
(3) 円の中心。（　　）
(4) お金を落とす。（　　）
(5) 話す相手。（　　）
(6) 洋服を着る。（　　）
(7) お母さん（　　）
(8) 決意する（　　）
(9) 用事がある。（　　）
(10) 落葉する木。（　　）
(11) 相談（だん）にのる。（　　）

2 つぎのしつもんのしゅるいは、どんなときに使いますか。ア〜ウからえらんで、記号で答えましょう。　一つ4〔12点〕

(1) 「いつ・どこで・だれが・何を」をきくしつもん（　　）
(2) 「どのように」をきくしつもん（　　）
(3) 「なぜ(どうして)」をきくしつもん（　　）

ア　したことや考えたことなどの理由をきくとき。
イ　知らないことや、分からないことをきくとき。
ウ　物事の様子や、方法(ほう)をくわしくきくとき。

答えは66ページ

教科書㊤44～49ページ

もっと知りたい、友だちのこと
きちんとつたえるために

月　日

10分

／100点

1 □に当てはまる漢字を書きましょう。　一つ8〔40点〕

(1) せきを□(き)める。　(2) 楽しい□□□(できごと)。

(3) さいふを□(お)とす。　(4) □□(あいて)を見る。

(5) □□(ようふく)をたたむ。

2 ――を漢字に直して、文をぜんぶ書きましょう。　〔20点〕

きょうのできごとをおかあさんにかたる。

3 話を聞き合うとき、あいてに言いたいことをきちんとつたえるために、話す人と聞く人が気をつけることはどれですか。ア～エからえらんで、記号で答えましょう。　一つ10〔40点〕

(1) 話す人（　）（　）　(2) 聞く人（　）（　）

ア　いちばん言いたい、話の中心をおとさない。

イ　何を知りたいのかが分かるようにたずねる。

ウ　自分が知りたいことをはっきりさせる。

エ　自分が知らせたいことを先にきめておく。

答えは66ページ

教科書㊤50～51ページ

漢字の音と訓

月　日

／100点

1 ――の漢字の読みがなを書きましょう。　一つ4〔68点〕

(1) 次の文。( )
(2) 朝食をとる。( )
(3) 早朝の気温。( )
(4) 高い所。( )
(5) 県道ぞい ( )
(6) 有名な公園。( )
(7) 日光が当たる。( )
(8) 氷が水になる。( )
(9) 一分たつ。( )
(10) 六十秒 ( )
(11) 農家の人。( )
(12) 仕事の話。( )
(13) 野球をする。( )
(14) ゆうびん局 ( )
(15) 目次を見る。( )
(16) 遠い場所。( )
(17) 大きな氷山。( )

2 ――の漢字の読み方が「音（おん）」の場合は○、「訓（くん）」の場合は□を書きましょう。　一つ4〔32点〕

(1) ( ) 朝顔　(2) ( ) 意味　(3) ( ) 歌声
(4) ( ) 有名　(5) ( ) 県道　(6) ( ) 野球
(7) ( ) 農家　(8) ( ) 谷間

答えは66ページ

漢字の音と訓

教科書㊤50〜51ページ

月　日

／100点　10分

1 □に当てはまる漢字を書きましょう。　一つ8〔88点〕

(1) □（つぎ）の日の夜。
(2) □□（ちょうしょく）を作る。
(3) すんでいる□（ところ）。
(4) 車の多い□□（けんどう）。
(5) □□（ゆうめい）な店。
(6) □（こおり）をくだく。
(7) 六十□（びょう）まつ。
(8) □□（のうか）のくらし。
(9) 父の□□（しごと）。
(10) □□（やきゅう）を見る。
(11) ゆうびん□（きょく）に行く。

2 〈れい〉にならって、つぎの音読みの言葉を訓読みの言葉に書き直しましょう。　一つ6〔12点〕

〈れい〉草原 → 草の原

(1) 温水 □
(2) 新年 □

答えは66ページ

漢字の広場②

教科書㊤52ページ

月　日

10分　／100点

1 ――の漢字の読みがなを書きましょう。 一つ4〔100点〕

(1) 地図を見る。（　）

(2) 家を出る。（　）

(3) まっすぐ行く。（　）

(4) 一本道（　）

(5) 元気がいい。（　）

(6) 正しい方角。（　）

(7) 人に会う。（　）

(8) 親友とあそぶ。（　）

(9) 太いつな。（　）

(10) 細い糸。（　）

(11) 心がいたむ。（　）

(12) 立ち止まる（　）

(13) 電車が通る。（　）

(14) 谷をわたる。（　）

(15) 弓を持つ。（　）

(16) 玉が当たる。（　）

(17) 絵の天才。（　）

(18) 大きな岩。（　）

(19) 丸い石。（　）

(20) 戸をあける。（　）

(21) つなを引く。（　）

(22) まぶしく光る。（　）

(23) ぶじに帰る。（　）

(24) 広い土地。（　）

(25) 矢をはなつ。（　）

答えは66ページ

かくにん7

漢字の広場②

教科書㊤52ページ

月　日

10分　／100点

1 □にあてはまる漢字を書きましょう。　一つ4〔100点〕

(1) □□(げんき)な□(こころ)。

(2) □(まる)い□(いわ)。

(3) 早く□(かえ)る。

(4) □(ゆみ)を□(ひ)く。

(5) バスが□(と)まる。

(6) □(たに)を□(とお)る。

(7) □□(しんゆう)に□(あ)う。

(8) □(いえ)の□(と)。

(9) 夜空に星が□(ひか)る。

(10) 山の□□(ほうがく)。

(11) □□(てんさい)てきな人。

(12) 学校へ□(い)く。

(13) □(や)が□(あ)たる。

(14) 土の□(ち)の□(ず)。

(15) □(ほそ)い□(みち)。

(16) みきが□(ふと)い木。

答えは66ページ

教科書 上 53〜65ページ

文様（もんよう）
こまを楽しむ

月　日

10分　／100点

1 ——の漢字の読みがなを書きましょう。 一つ5〔90点〕

(1) 全体と中心。（　）
(2) こま遊び（　）
(3) 新しい発見。（　）
(4) 様子を表す。（　）
(5) 昔からつづく。（　）
(6) 世界中の人。（　）
(7) 音楽会を行う。（　）
(8) こまの表面。（　）
(9) 元の色。（　）
(10) 回す速さ。（　）
(11) 横をむく。（　）
(12) 指でつまむ。（　）
(13) 上手に回す。（　）
(14) 鉄でつくる。（　）
(15) 安定する（　）
(16) 全くちがう。（　）
(17) 世の中（　）
(18) 安いねだん。（　）

2 ひつじゅんの正しいほうに、〇をつけましょう。 一つ5〔10点〕

(1) ア（　）ノ 𠆢 亼 仐 仝 全
　　イ（　）ノ 𠆢 亼 亼 仝 全

(2) ア（　）一 十 卄 卅 世
　　イ（　）一 七 世 世 世

答えは66ページ

かくにん 8

教科書㊤53～65ページ

こまを楽しむ
文様（もんよう）

月　日

10分

／100点

1 □に当てはまる漢字を書きましょう。　一つ10〔90点〕

(1) □□（ぜんたい）を見る。

(2) こま□（あそ）びをする。

(3) 言葉で□（あらわ）す。

(4) □（むかし）の生活。

(5) □□□（せかいじゅう）の国。

(6) □（よこ）にならぶ。

(7) □（ゆび）をまげる。

(8) □（てつ）のかたまり。

(9) □□（あんてい）した天気。

2 ——を漢字に直して、文をぜんぶ書きましょう。　〔10点〕

せかいじゅうで、むかしからおこなわれているあそび。

答えは67ページ

教科書㊤66～69ページ

月　日

／100点

気持ちをこめて、「来てください」

1 ――の漢字の読みがなを書きましょう。　一つ6〔72点〕

(1) 春の運動会。（　　）
(2) 予定を立てる。（　　）
(3) 六月一日（　　）
(4) きょう走（　　）
(5) 学校に通う。（　　）
(6) 手紙を送る。（　　）
(7) 自分の住所。（　　）
(8) にもつを運ぶ。（　　）
(9) 発送する（　　）
(10) 町に住む。（　　）
(11) 行事を行う。（　　）
(12) 日時を決める。（　　）

2 次の意味に当てはまる言葉をア～ウからえらんで、記号で答えましょう。　一つ6〔18点〕

(1) まちがいがないかなどを調べてはっきりさせる。（　　）
(2) みだれがないように物事をきちんとする。（　　）
(3) 気持ちなどをそそぎ入れる。（　　）

ア　ととのえる　　イ　こめる　　ウ　たしかめる

3 あんないの手紙を書くときに気をつけること二つに、○をつけましょう。　一つ5〔10点〕

ア（　　）ていねいな言葉を使って書く。
イ（　　）自分の名前や相手の名前は書かない。
ウ（　　）ひつようなことを、分かりやすくつたえる。
エ（　　）書きおわったら読みかえさず送る。

答えは67ページ

教科書㊤66〜69ページ

気持ちをこめて、「来てください」

月　日

10分

／100点

1 □に当てはまる漢字を書きましょう。　一つ12〔72点〕

(1) □□□（うんどうかい）

(2) 来週の□□（よてい）。

(3) 百メートル□（そう）

(4) ほいく園に□（かよ）う。

(5) はがきを□（おく）る。

(6) □□（じゅうしょ）を書く。

2 次の文をていねいな言い方に直して書きましょう。　一つ7〔14点〕

(1) ありがとう。

(2) あんないする。

3 手紙を書くとき、どんなじゅんじょで書きますか。ア〜ウを書くじゅんにならべて、（　）に書きましょう。　全部できて〔14点〕

ア　つたえること　　イ　はじめのあいさつ

ウ　自分の名前

（　）→（　）→（　）→相手の名前

答えは67ページ

教科書㊤70ページ

漢字の広場③

月　日

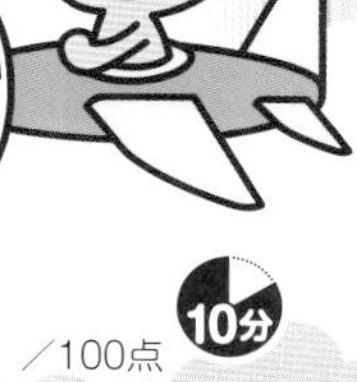

10分　／100点

1 ――の漢字の読みがなを書きましょう。　一つ4〔100点〕

(1) 毎朝走る。
(2) 顔をあらう。
(3) 人形げき
(4) 室内で遊ぶ。
(5) 三さい上の姉。
(6) 友だちが来る。
(7) わたしの妹。
(8) 母がわらう。
(9) 遠足に行く。
(10) 夜になる。
(11) 父と話す。
(12) そうじ当番
(13) 今週の予定。
(14) 日記を書く。
(15) 外に出る。
(16) 肉を食べる。
(17) 思い出す
(18) やさしい兄。
(19) 小刀を使う。
(20) 詩を作る。
(21) 楽しみにする。
(22) テレビ番組
(23) 午前八時
(24) 日曜日は雨だ。
(25) 午後は晴れた。

答えは67ページ

漢字の広場③

教科書㊤70ページ

月　日

10分　／100点

1 □にあてはまる漢字を書きましょう。　一つ４〔100点〕

(1) □□(いもうと)の□□(にんぎょう)。

(2) □(ちち)が□(く)る。

(3) □(あね)の□□(にっき)。

(4) □(はは)の□(かお)。

(5) □□(こんしゅう)の仕事。

(6) □□(まいあさ)早くおきる。

(7) きゅう食□□(とうばん)

(8) □(よる)、町に□(い)く。

(9) 月□(よう)の□□(ごご)。

(10) □□(なんかい)も聞く。

(11) □□(ごぜん)の天気。

(12) □(たの)しい□□(ばんぐみ)。

(13) □□(おとうと・おも)いの□(あに)。

(14) □□(こがたな)でけずる。

(15) □□(はんぶん)の□(にく)。

(16) □□(とうきょう)でくらす。

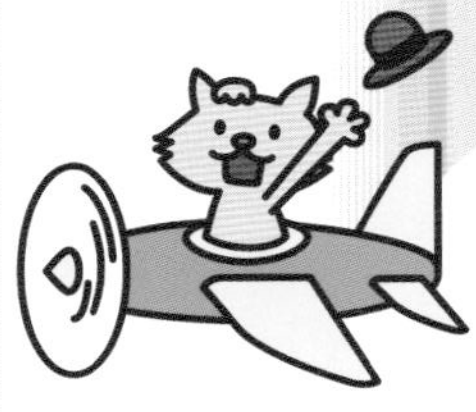

答えは67ページ

まいごのかぎ

教科書㊤71〜90ページ

月　日

10分　／100点

1 ――の漢字の読みがなを書きましょう。　一つ4〔72点〕

(1) 白い絵の具。（　）
(2) 拾い上げる（　）
(3) 交番に向かう。（　）
(4) ゆるい坂。（　）
(5) 四角い金具。（　）
(6) 円いあな。（　）
(7) 悲鳴を上げる。（　）
(8) 緑色のベンチ。（　）
(9) おうだん歩道（　）
(10) 魚の開き。（　）
(11) 羽ばたく（　）
(12) 海岸通り（　）
(13) バスの路線。（　）
(14) 楽しく感じる。（　）
(15) 対面する（　）
(16) 悲しい話。（　）
(17) 緑茶をのむ。（　）
(18) 岸を歩く。（　）

2 ――にた漢字の読み方を書きましょう。　一つ7〔28点〕

(1)
① 南の方向。（　）
② 回数を数える。（　）

(2)
① しあいを開始する。（　）
② 新聞を読む。（　）

答えは67ページ

まいごのかぎ

月　日

／100点

1 □に当てはまる漢字を書きましょう。　一つ9〔90点〕

(1) 絵の□（ぐ）を使う。

(2) 石を□（ひろ）い上げる。

(3) 山に□（む）かう。

(4) □（さか）の上の家。

(5) 大きな□□（ひめい）。

(6) □□（みどりいろ）の服。

(7) あじの□（ひら）き。

(8) □□（かいがん）のけしき。

(9) □□（ろせん）図を見る。

(10) あつさを□（かん）じる。

2 ——を漢字に直して、文を全部（ぶ）書きましょう。　〔10点〕

さかをくだり、ろせんバスでかいがんにむかう。

（さか、くだ、ろせん、かいがん、む に傍線）

答えは68ページ

教科書(上)91～97ページ

俳句を楽しもう　こそあど言葉を使いこなそう　引用するとき

月　日

10分　／100点

1 ――の漢字の読みがなを書きましょう。　一つ5〔75点〕

(1) 言葉の調子。（　　）
(2) 文を区切る。（　　）
(3) 東の空。（　　）
(4) 太陽がしずむ。（　　）
(5) 形を整える。（　　）
(6) 歌詞を読む。（　　）
(7) 物語の一部。（　　）
(8) 近所のプール。（　　）
(9) 海で泳ぐ。（　　）
(10) ピアノの練習。（　　）
(11) 父からの助言。（　　）
(12) すきな童話。（　　）
(13) 申しこむ（　　）
(14) 引用する文。（　　）
(15) 出典(てん)をしめす。（　　）

2 次の俳句(はいく)の季語(き)（きせつを表す言葉）を書きましょう。　〔10点〕

菜(な)の花や月は東に日は西に（　　）

3 次の言葉は、どのような場所をしめすときに使いますか。合うものを下からえらんで、――でむすびましょう。　一つ5〔15点〕

(1) あそこ・　・ア 相手に近い場所。
(2) ここ　・　・イ 話し手に近い場所。
(3) そこ　・　・ウ 話し手からも相手からも遠い場所。

答えは68ページ

かくにん 12

教科書 上 91〜97ページ

俳(はい)句(く)を楽しもう
こそあど言葉を使いこなそう
引用するとき

月　　日

10分　　／100点

1 □に当てはまる漢字を書きましょう。　一つ10〔80点〕

(1) 時間を［く｜ぎ］る。　(2) ［たい｜よう］が出る。

(3) へやを［ととの］える。　(4) 川で［およ］ぐ。

(5) 毎日の［れん｜しゅう］。　(6) ［じょ｜げん］を聞く。

(7) ［どう｜わ］の本。　(8) 会に［もう］しこむ。

2 （　）に当てはまる「こそあど言葉」を、□から一つずつえらんで書きましょう。　一つ5〔20点〕

(1) きみのつくえにある（　　　）ぼうしは、妹のです。

(2) どうぞ、（　　　）においでください。

(3) （　　　）に見えるのが、ぼくが通う学校です。

(4) （　　　）があなたのかさか、分かりますか。

あそこ　こちら　その　どの　どれ

答えは68ページ

教科書 上 98〜103ページ

仕事のくふう、見つけたよ 符号など

月　日

／100点

1 ――の漢字の読みがなを書きましょう。 一つ5〔80点〕

(1) 大人になる。（　　）
(2) 食品を売る。（　　）
(3) 商品を買う。（　　）
(4) お客様が通る。（　　）
(5) 総合的な学習。（　　）
(6) 句読点（　　）
(7) 入学式の日。（　　）
(8) 晴天になる。（　　）
(9) 今年のこと。（　　）
(10) 去年の春。（　　）
(11) 二倍のねだん。（　　）
(12) 毛筆で書く。（　　）
(13) 銀行に行く。（　　）
(14) 同時に言う。（　　）
(15) 直線を引く。（　　）
(16) 二日かかる。（　　）

2 筆順の正しいほうに、○をつけましょう。 〔4点〕

ア（　　）⺮ 竹 竺 笞 笹 笙 筆
イ（　　）⺮ 竹 竹 笋 笋 筝 筆

3 次の符号の名前をア〜エからえらんで、記号で答えましょう。 一つ4〔16点〕

(1) ・（　　）
(2) 。（　　）
(3) 、（　　）
(4) 「」（　　）

ア かぎ　イ 句点　ウ 読点　エ 中点

答えは68ページ

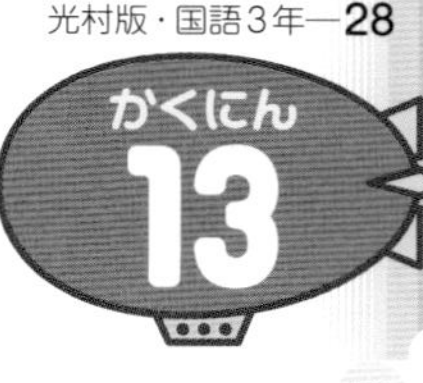

かくにん 13

教科書㊤98〜103ページ

仕事のくふう、見つけたよ 符号（ふ）など

月　日

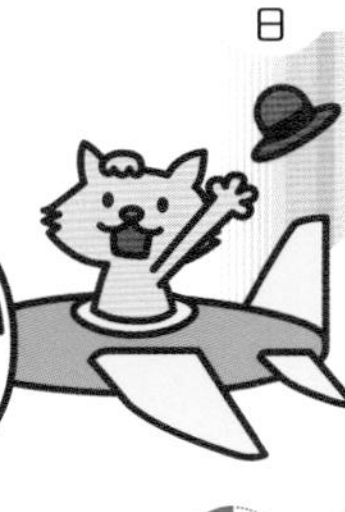

10分　／100点

1 □に当てはまる漢字を書きましょう。　一つ10〔90点〕

(1) □□（おとな）と子ども。

(2) □□（しょくひん）がならぶ。

(3) 店の□□（しょうひん）。

(4) お□□（きゃくさま）が来る。

(5) □□□（にゅうがくしき）に出る。

(6) □□（きょねん）の今ごろ。

(7) □□（にばい）の数。

(8) □□（もうひつ）の字。

(9) 近くの□□（ぎんこう）。

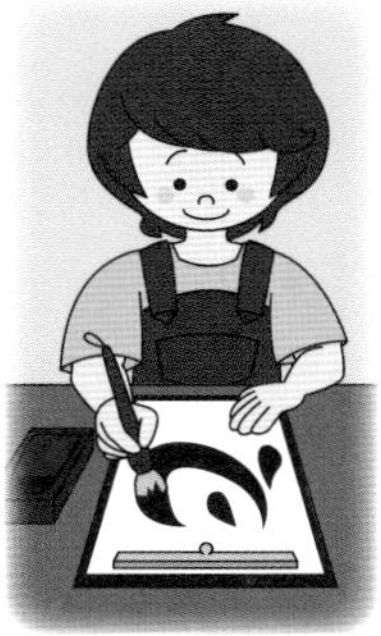

2 次の文を、〔　〕のしじにしたがって書き直しましょう。　全部できて〔10点〕

わたしは山の中でおーいとさけびました。

〔かぎ（「　」）を一組み、句点（く）（。）を一つつける〕

（　　　　　　　　　　）

答えは68ページ

教科書 ㊤ 104～117ページ

きせつの言葉2　夏のくらし
本で知ったことをクイズにしよう
鳥になったきょうりゅうの話

月　　日

／100点

1 ——の漢字の読みがなを書きましょう。　一つ7〔56点〕

(1) 白玉だんご（　　）
(2) 新たなちしき。（　　）
(3) 植物図鑑（かん）。（　　）
(4) 多く集める。（　　）
(5) 魚の化石。（　　）
(6) 地面の上。（　　）
(7) 死にたえる（　　）
(8) 都合がいい。（　　）

2 次の意味に当てはまる言葉をア～エからえらんで、記号で答えましょう。　一つ7〔28点〕

(1) 魚や動物の体をおおってまもるかたいひふ。（　　）
(2) 子やまごなど、ちを引いているもの。（　　）
(3) あることをするときのじょうたい。（　　）
(4) 何かをかいけつする糸口。（　　）

ア　都合　イ　うろこ　ウ　しそん　エ　手がかり

3 筆順（じゅん）の正しいほうに、○をつけましょう。　一つ8〔16点〕

(1)
ア（　）ノ　亻　亻'　仁　仹　隹　隹　隼　集
イ（　）ノ　亻　亻'　仁　什　件　隹　隼　集

(2)
ア（　）一　厂　万　歹　歹'　死
イ（　）一　厂　万　歹　死　死

答えは68ページ

かくにん 14

教科書㊤104〜117ページ

きせつの言葉2 夏のくらし
本で知ったことをクイズにしよう
鳥になったきょうりゅうの話

月　日

10分　／100点

1 □に当てはまる漢字を書きましょう。 一つ12〔60点〕

(1) □□（しょくぶつ）園に行く。　(2) 切手を□（あつ）める。

(3) □□（かせき）を見る。　(4) 虫が□（し）ぬ。

(5) □□（つごう）がわるい。

2 （　）に当てはまる言葉を、[　　]からえらんで書きましょう。 一つ10〔40点〕

(1) 「図鑑（かん）」は、絵やしゃしん、（　　　）などを使ってものごとをせつめいした本。一さつに同じ（　　　）のものを多くあつめている。

(2) 「科学読み物などの本」は、一つのものごとについて（　　　）せつめいした本。（　　　）を見ると、せつめいされているものごとや、とり上げ方が分かることが多い。

題名	なかま
図	くわしく

答えは68ページ

きほん 15

教科書 上 118〜129ページ

わたしと小鳥とすずと／夕日がせなかをおしてくる こんな係がクラスにほしい ポスターを読もう 書くことを考えるときは

月　日

10分 ／100点

1 ――の漢字の読みがなを書きましょう。 一つ10〔60点〕

(1) 自分の両手。（　　）
(2) 試合に負ける。（　　）
(3) 係の仕事。（　　）
(4) 全員の意見。（　　）
(5) コスモス祭り（　　）
(6) 農作業をする。（　　）

2 筆順の正しいほうに、○をつけましょう。 一つ10〔20点〕

(1)
ア（　　） 一 厂 冂 币 両 両
イ（　　） 一 丅 丌 币 両 両

(2)
ア（　　） 丷 丷 业 业 丵 業 業
イ（　　） 丷 丷 业 业 丵 業 業

3 次の目的に合う係をア〜エからえらんで、記号で答えましょう。 一つ5〔20点〕

(1) 問題を考えて、みんなに出題する。（　　）
(2) みんなの前で、元気よくあいさつをする。（　　）
(3) 天気を調べて、みんなにつたえる。（　　）
(4) おもしろいことをして、みんなを明るくする。（　　）

ア 天気よほう係　イ あいさつ係
ウ クイズ係　エ おわらい係

答えは68ページ

教科書㊤118～129ページ　月　日

わたしと小鳥とすずと／夕日がせなかをおしてくる こんな係がクラスにほしい ポスターを読もう 書くことを考えるときは

10分　／100点

1 □に当てはまる漢字を書きましょう。　一つ10〔60点〕

(1) □□（りょうて）で持つ。

(2) ゲームで□（ま）ける。

(3) □（かかり）になる。

(4) □□（ぜんいん）で歌う。

(5) せいだいな□（まつ）り。

(6) □□□（のうさぎょう）を行う。

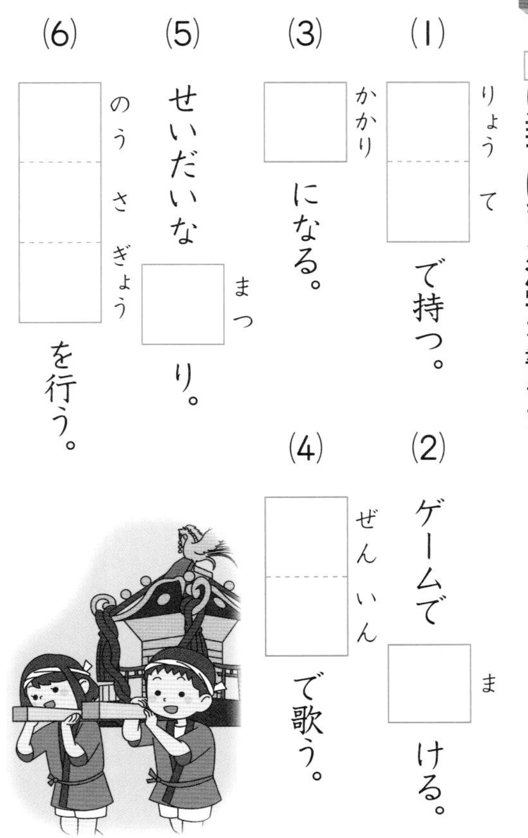

2 図を使って書くことをえらぶとき、どんな順序（じゅんじょ）で進めるとよいですか。ア～ウを順にならべて、（　）に書きましょう。　ぜんぶできて〔40点〕

ア　読むのはだれなのか、いちばんつたえたいことは何かを考える。

イ　思いついたことを線でつないで書き出し、考えを広げたりくわしくしたりする。

ウ　図のまん中にテーマを書く。

（　）→（　）→（　）→書くことをえらぶ。

答えは68ページ

漢字の組み立て

教科書㊤130～133ページ

月　日

10分

／100点

1 ――の漢字の読みがなを書きましょう。　一つ4〔72点〕

(1) 鉄板でやく。（　　）
(2) 高い電柱。（　　）
(3) 柱時計（　　）
(4) 休日の予定。（　　）
(5) 油田をほる。（　　）
(6) 開港する（　　）
(7) 目薬をさす。（　　）
(8) 草笛をふく。（　　）
(9) 雲海が広がる。（　　）
(10) 新雪をふむ。（　　）
(11) 注意をはらう。（　　）
(12) 悪者をたおす。（　　）
(13) 感知する（　　）
(14) 物の売買。（　　）
(15) 勝負がつく。（　　）
(16) 広大な土地。（　　）
(17) せまい車庫。（　　）
(18) 間近で見る。（　　）

2 筆順(じゅん)の正しいほうに、○をつけましょう。　〔8点〕

ア（　）　氵　汌　汌　油　油　油
イ（　）　氵　氵　汩　油　油　油

3 次の漢字の「へん」の名前を（　）に書いて、意味を下からえらんで――でむすびましょう。　全部できて一つ10〔20点〕

(1) 池（　　）・　　・ア　言葉に関(かん)係がある。
(2) 語（　　）・　　・イ　水に関係がある。

答えは69ページ

漢字の組み立て

教科書 上 130〜133ページ

月　　日

10分　／100点

1 □に当てはまる漢字を書きましょう。　一つ8〔64点〕

(1) □□(てっぱん)を使う。
(2) □□(でんちゅう)を立てる。
(3) □□(ゆでん)の調査(さ)。
(4) 横浜(よこはま)の□□(かいこう)。
(5) □□(めぐすり)を買う。
(6) □□(ちゅうい)を引く。
(7) □□(しょうぶ)をいどむ。
(8) □□(しゃこ)のそうじ。

2 次の漢字の「かんむり」や「あし」の部分は、何に関係(かん)がありますか。（　）に書きましょう。　一つ6〔12点〕

(1) 岩・岸　（　　　）に関係がある。
(2) 思・悪　（　　　）に関係がある。

3 次の「にょう」「たれ」「かまえ」をもつ漢字をア〜エからえらんで、記号で答えましょう。　一つ6〔24点〕

(1) くにがまえ（　）　(2) しんにょう（　）
(3) がんだれ（　）　(4) もんがまえ（　）

ア 原　イ 週　ウ 間　エ 回

答えは69ページ

きほん 17 ローマ字

教科書㊤134〜138ページ

月　日

10分　／100点

1 ──の漢字の読みがなを書きましょう。　一つ9〔45点〕

(1) 入力の速さ。（　　）
(2) ラジオの電波。（　　）
(3) 帰社する（　　）
(4) テレビ放送（　　）
(5) 理科の勉強。（　　）

2 正しいローマ字のほうに、○をつけましょう。　一つ4〔20点〕

(1) かんじ
　ア kanzi
　イ kangi

(2) がっき
　ア gaki
　イ gakki

(3) ちゃいろ
　ア tairo
　イ tyairo

(4) しゅうり
　ア syûri
　イ syuri

(5) だいこん
　ア daikon
　イ daikonn

3 次のローマ字の読み方を、ひらがなで書きましょう。　一つ5〔35点〕

(1) kaminari（　　）
(2) kyûri（　　）
(3) syakkuri（　　）
(4) hon'ya（　　）
(5) tyûgakkô（　　）
(6) kin'yôbi（　　）
(7) Kôti-ken（　　）

答えは69ページ

ローマ字

教科書㊤134〜138ページ

月　日

10分

／100点

1 □に当てはまる漢字を書きましょう。　一つ10〔30点〕

(1) □□（でんぱ）がとぶ。

(2) 車内□□（ほうそう）

(3) □□（べんきょう）の時間。

2 次の言葉をローマ字で書きましょう。　一つ7〔70点〕

(1) にわとり

(2) きんぎょ

(3) きって

(4) にいさん

(5) いもうと

(6) らっぱ

(7) しょっき

(8) なっとう

(9) せんえん

(10) まんいん

答えは69ページ

きほん 18

ちいちゃんのかげおくり (1)

教科書㊦13～30ページ

月　日

10分

／100点

1 ──の漢字の読みがなを書きましょう。 一つ9〔72点〕

(1) 感想を書く。（　）
(2) お父さん（　）
(3) お兄ちゃん（　）
(4) 記念写真（　）
(5) 列車にのる。（　）
(6) 血が出る。（　）
(7) 暗い道。（　）
(8) 橋の下。（　）

2 ──の漢字の、二通りの読み方を書きましょう。 一つ5〔20点〕

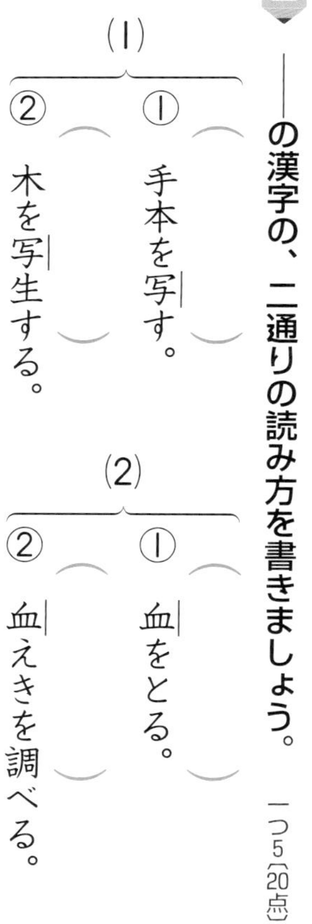

(1) ① 手本を写す。（　）
② 木を写生する。（　）

(2) ① 血をとる。（　）
② 血えきを調べる。（　）

3 次の文の──の言葉とにた意味の言葉をえらんで、○をつけましょう。 一つ4〔8点〕

(1) お母さんとはぐれました。
ア（　）道にまよいました
イ（　）はなればなれになりました

(2) ここにも火が回る。
ア（　）火がもえ広がる
イ（　）火がまるくもえる

答えは69ページ

ちいちゃんのかげおくり (1)

月　日

10分　／100点

1 □に当てはまる漢字を書きましょう。　一つ5〔30点〕

(1) □□（かんそう）を言う。
(2) □□（しゃしん）をとる。
(3) □□（れっしゃ）が走る。
(4) □（ち）を止める。
(5) 夜は□（くら）い。
(6) □（はし）をわたる。

2 ——を漢字に直して、文を全部書きましょう。　一つ15〔30点〕

(1) おとうさんがながいれつにならぶ。

(2) おにいちゃんのあしからちがでていた。

3 次の言葉につづくものを下からえらんで、——でむすびましょう。　一つ10〔40点〕

(1) 「あすは晴れるかな。」と・　　・ア うなずいた。
(2) 妹は分かったというように・　　・イ つぶやいた。
(3) かげぼうしに目を・　　・ウ 落とした。
(4) みんなの歌声がきれいに・　　・エ かさなった。

答えは69ページ

きほん 19

ちいちゃんのかげおくり (2)

教科書㊦13〜30ページ

月　日

10分

／100点

1 ――の漢字の読みがなを書きましょう。 一つ8〔48点〕

(1) 暑い夏。（　　）

(2) 寒い室内。（　　）

(3) 体が軽い。（　　）

(4) 命がきえる。（　　）

(5) 第一場面（　　）

(6) 明らかにする。（　　）

2 ――の漢字の、二通りの読み方を書きましょう。 一つ7〔28点〕

(1)
① このへやは暑い。（　　）
② 暑中みまいを送る。（　　）

(2)
① 軽食をとる。（　　）
② 軽いかばん。（　　）

3 次の文に合う言葉のほうに、○をつけましょう。 一つ8〔24点〕

(1) 十秒後にかげが｛ア（　）そっくり／イ（　）てっきり｝空にうつる。

(2) 空に｛ア（　）ぞっと／イ（　）すうっと｝すいこまれる。

(3) 歩きつかれて足が｛ア（　）ぐずぐず／イ（　）ふらふら｝する。

答えは69ページ

かくにん 19

教科書㊦13〜30ページ

ちいちゃんのかげおくり (2)

月　日

10分

／100点

1 □に当てはまる漢字を書きましょう。　一つ12〔72点〕

(1) 外は□(あつ)い。

(2) 冬は□(さむ)い。

(3) にもつが□(かる)い。

(4) □(いのち)を大切にする。

(5) 曲(きょく)の□(だい)一楽章。

(6) □(あき)らかな事実(じつ)。

2 ――を漢字に直して、文を全部書きましょう。　一つ14〔28点〕

(1) あつい ひに はしを わたる。

(2) さむくて くらい へやを あかるくする。

答えは69ページ

教科書㊦31～42ページ

修飾語を使って書こう
きせつの言葉3　秋のくらし
おすすめの一さつを決めよう

月　日

／100点

1 ――の漢字の読みがなを書きましょう。　一つ8〔80点〕

(1) 読み返す（　）
(2) 主語と述語。（　）
(3) 明日の予定。（　）
(4) 九州に行く。（　）
(5) 風船がとぶ。（　）
(6) 屋根の上。（　）
(7) 荷物がおもい。（　）
(8) 時間を守る。（　）
(9) 役立つ道具。（　）
(10) 新米を食べる。（　）

2 次の文の――は、ア～エのどれに当たりますか。記号で答えましょう。　一つ5〔20点〕

(1) ぼくは、手紙を送りました。（　）
(2) わたしは、おじいちゃんに会いました。（　）
(3) 母は九州で生まれました。（　）
(4) そこは細い道でした。（　）

ア　どんな　イ　だれに　ウ　どこで　エ　何を

答えは70ページ

修飾語（しゅうしょく）を使って書こう きせつの言葉3 秋のくらし おすすめの一さつを決めよう

教科書㊦31～42ページ

月　日

10分　／100点

1 □に当てはまる漢字を書きましょう。　一つ7〔70点〕

(1) 文章を読み［かえ］す。

(2) 文の［しゅご］。

(3) ［あす］の試（し）合。

(4) ［きゅうしゅう］の旅。

(5) 青い［ふうせん］。

(6) ［やね］に上る。

(7) ［にもつ］を運ぶ。

(8) やくそくを［まも］る。

(9) 本は［やくだ］つ。

(10) おいしい［しんまい］。

2 次の文の——が修飾（しゅうしょく）している言葉の右がわに、〰〰を引きましょう。　一つ10〔30点〕

〈れい〉 わたしはおじいちゃんに手紙を書きました。

(1) わたしは、きのう　夕食を　作りました。

(2) 大きな　ヒマワリが　さいていた。

(3) 父は、東京の　会社に　つとめています。

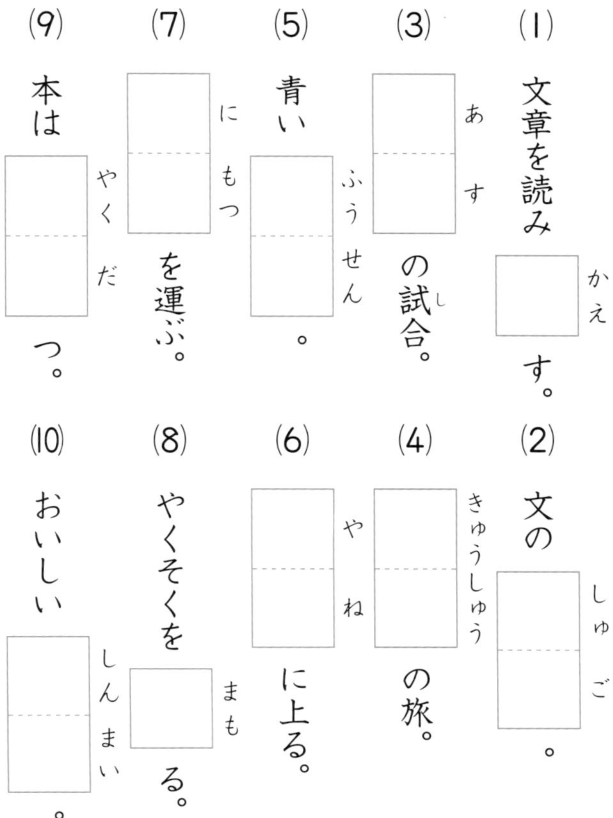

答えは70ページ

教科書㊦43〜55ページ

すがたをかえる大豆
食べ物のひみつを教えます

月　日

10分　／100点

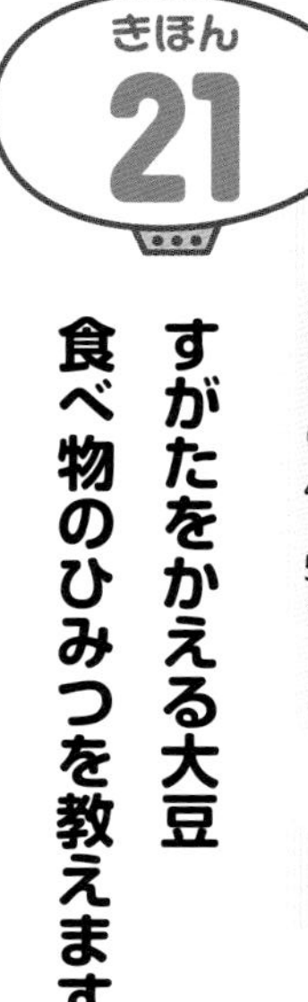

1 ――の漢字の読みがなを書きましょう。　一つ8〔64点〕

(1) 大豆を使う。（　　）
(2) 植物が育つ。（　　）
(3) 消化がよい。（　　）
(4) 豆まき（　　）
(5) 取り出す（　　）
(6) 時期が来る。（　　）
(7) 畑の肉。（　　）
(8) 文の終わり。（　　）

2 ――の漢字の、二通りの読み方を書きましょう。　一つ5〔20点〕

(1) ① 体育館の中。（　　）
　　② ゆめを育む。（　　）
(2) ① 火が消える。（　　）
　　② 電気を消す。（　　）

3 次の言葉につづくものを下からえらんで、――でむすびましょう。　一つ4〔16点〕

(1) 豆をこなに　・　　・ア 手をくわえる。
(2) ざいりょうに　・　　・イ 口にする。
(3) フライパンで豆を　・　　・ウ ひく。
(4) 大きないちごを　・　　・エ いる。

答えは70ページ

かくにん 21

教科書㊦43〜55ページ

すがたをかえる大豆
食べ物のひみつを教えます

月　日

10分　／100点

1 □に当てはまる漢字を書きましょう。　一つ10〔70点〕

(1) □□(だいず)を食べる。
(2) すくすくと□(そだ)つ。
(3) □□(しょうか)が悪い。
(4) はこから□(と)り出す。
(5) 花がさく□□(じき)。
(6) □(はたけ)の作物。
(7) 話の□(お)わり。

2 (　)に当てはまる言葉を、□からえらんで書きましょう。　一つ6〔30点〕

(1) ごまをすりばちに入れてすり(　　)。
(2) チューブから絵の具をしぼり(　　)。
(3) なべに入れたスープをかき(　　)。
(4) 台風(たいふう)が来る前にイネをとり(　　)。
(5) 文章を友だちと読み(　　)。

合う　入れる　出す　つぶす　まぜる

答えは70ページ

教科書㊦56〜59ページ

ことわざ・故事成語

月　日

10分　／100点

1 ——の漢字の読みがなを書きましょう。　一つ10〔70点〕

(1) 福来たる。（　）
(2) したくを急ぐ。（　）
(3) 早起きする（　）
(4) 苦労する（　）
(5) 多少のちがい。（　）
(6) 待ち合わせ（　）
(7) 相談する（　）

2 次のことわざの意味を下からえらんで、——でむすびましょう。　一つ5〔30点〕

(1) 急がば回れ
(2) 白羽の矢が立つ
(3) 所かわれば品かわる
(4) 善は急げ
(5) はちくのいきおい
(6) 頭かくしてしりかくさず

ア 欠点の一部をかくしただけで、全部をかくしたつもりになる。
イ 時間がかかっても安全なほうがよい。
ウ いきおいがはげしく、とどめられない。
エ 大勢の中からとくにえらび出される。
オ 土地がちがえば、習慣や言葉がちがう。
カ よいと思ったことはすぐに実行しなさい。

答えは70ページ

かくにん 22

教科書 下 56～59ページ

ことわざ・故事成語

月　日

10分　／100点

1 □に当てはまる漢字を書きましょう。　一つ10〔60点〕

(1) □(ふく)をよびこむ。

(2) 先を□(いそ)ぐ。

(3) 母は□□(はやお)きだ。

(4) □(く)労が多い。

(5) □(ま)ち合わせの時間。

(6) □□(そうだん)にのる。

2 次のことわざの（　）に当てはまる動物を、□からえらんで書きましょう。　一つ10〔30点〕

(1) （　　）の手もかりたい

(2) （　　）の耳にねんぶつ

(3) （　　）も歩けばぼうに当たる

犬　ねこ　馬

3 次のせつめいに合う故事成語をア～エからえらんで、記号で答えましょう。　一つ5〔10点〕

(1) くろうして学問にはげみ、よいけっかをえること。（　　）

(2) 少しのちがいで、ほとんど同じであること。（　　）

ア 五十歩百歩　　イ 蛇足(だそく)

ウ 漁夫(ぎょふ)の利(り)　　エ 蛍雪(けいせつ)の功(こう)

答えは70ページ

教科書㊦60〜63ページ

漢字の意味
短歌を楽しもう

月　日

／100点

1 ――の漢字の読みがなを書きましょう。　一つ5〔75点〕

(1) 人形の鼻。（　　）
(2) きれいな歯。（　　）
(3) かなを交ぜる。（　　）
(4) 中央図書館（　　）
(5) 二階へ上がる。（　　）
(6) 部屋に入る。（　　）
(7) 今朝の天気。（　　）
(8) 委員会の仕事。（　　）
(9) 学級新聞（　　）
(10) 昭和のはじめ。（　　）
(11) 駅の様子。（　　）
(12) 字を教わる。（　　）
(13) 皮むきをする。（　　）
(14) 皿あらい（　　）
(15) 短歌をよむ。（　　）

2 筆順（じゅん）の正しいほうに、○をつけましょう。　〔5点〕

ア（　）　丶　冂　口　央　央
イ（　）　ノ　人　乂　央　央

3 ――の漢字の、二通りの読み方を書きましょう。　一つ5〔20点〕

(1)
① 漢字を交ぜて書く。（　　）
② 交番の前まで来る。（　　）

(2)
① 放送委員になる。（　　）
② はん長に委ねる。（　　）

答えは70ページ

教科書㊦60〜63ページ

漢字の意味
短歌を楽しもう

月　日

／100点　10分

1 □に当てはまる漢字を書きましょう。　一つ8〔80点〕

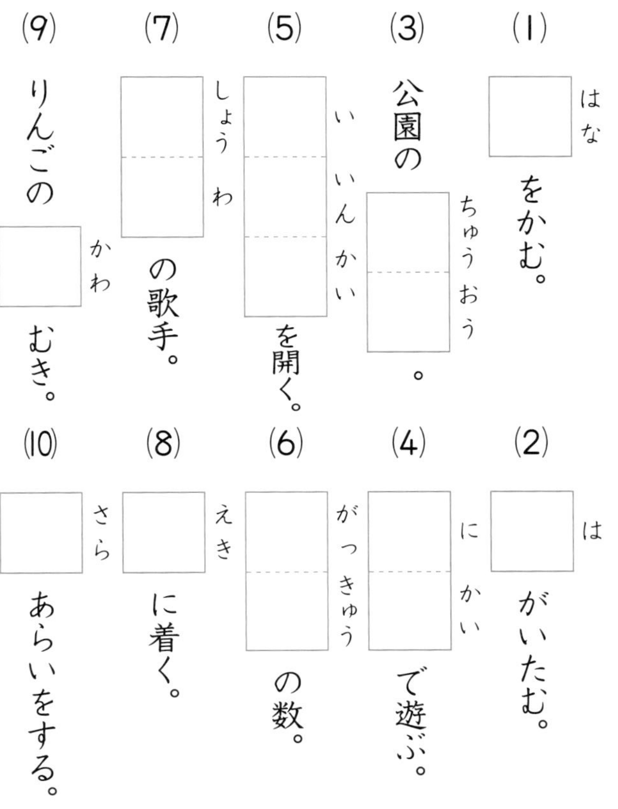

(1) □(はな)をかむ。

(2) □(は)がいたむ。

(3) 公園の□□(ちゅうおう)。

(4) □□(にかい)で遊ぶ。

(5) □□□(いいんかい)を開く。

(6) □□(がっきゅう)の数。

(7) □□(しょうわ)の歌手。

(8) □(えき)に着く。

(9) りんごの□(かわ)むき。

(10) □(さら)あらいをする。

2 短歌のせつめいになるように、（　）に当てはまる言葉をア〜エからえらんで、記号で答えましょう。　一つ10〔20点〕

短歌は（　）の（　）音(おん)からできている。

ア　五・七・五・七・七

イ　五・七・五

ウ　三十一

エ　十七

答えは70ページ

きほん 24

漢字の広場④

教科書㊦64ページ

月　日

10分　／100点

1 ―の漢字の読みがなを書きましょう。　一つ4〔76点〕

(1) 赤い自動車。（　）
(2) 自分の家。（　）
(3) 古い校舎。（　）
(4) 公園に行く。（　）
(5) 近所の人。（　）
(6) 新しい町。（　）
(7) 活気がある。（　）
(8) 高い点数。（　）
(9) 西の空。（　）
(10) かどの交番。（　）
(11) 町の広場。（　）
(12) 山の天文台。（　）
(13) 市場による。（　）
(14) 東に向かう。（　）
(15) 汽車が走る。（　）
(16) 寺のかね。（　）
(17) 電車の線路。（　）
(18) 南のしま。（　）
(19) 北の国。（　）

2 ―の漢字の、二通りの読み方を書きましょう。　一つ6〔24点〕

(1)
① 一家で出かける。（　）
② ももたろうの家来。（　）

(2)
① 大きい数。（　）
② 指で数える。（　）

答えは70ページ

かくにん24

漢字の広場④

教科書㊦64ページ

月　日

10分　／100点

1 □に当てはまる漢字を書きましょう。　一つ4〔76てん〕

(1) □□（せんろ）の□（ひがし）。

(2) □□（こうばん）できく。

(3) □（いえ）まで□（はし）る。

(4) □□（きんじょ）の□（てら）。

(5) テストの□□（てんすう）。

(6) □（ふる）い□□（じどう）しゃ。

(7) □（あたら）しい服。

(8) □□（かっき）がある町。

(9) 天文□（だい）にいく。

(10) □□（いちば）の□（にし）。

(11) □（きた）の□□（こうえん）。

(12) □（みなみ）の□□（ひろば）。

2 ——を漢字に直して、文を全部書きましょう。　一つ12〔24てん〕

(1) いえからてらのにしをとおってこうえんまではしる。

(2) かっきがあるあたらしいいちばへじどうしゃでいく。

答えは71ページ

きほん 25

教科書㊦65～80ページ

三年とうげ (1)

月　日

10分　／100点

1 ――の漢字の読みがなを書きましょう。　一つ6〔72点〕

(1) ため息が出る。（　）
(2) 美しい色。（　）
(3) とうげで転ぶ。（　）
(4) 真っ青な顔。（　）
(5) 病気になる。（　）
(6) 医者をよぶ。（　）
(7) 薬を飲む。（　）
(8) 消息をたつ。（　）
(9) 美化委員会（　）
(10) 転校する（　）
(11) 病をなおす。（　）
(12) 飲食する（　）

2 筆順(じゅん)の正しいほうに、○をつけましょう。　一つ7〔14点〕

(1)
ア（　）一　丆　𠂆　三　歹　矢　医
イ（　）一　匚　匚　匚　匞　医　医

(2)
ア（　）、　丷　丷　䒑　䒑　𦍌　羊　美　美
イ（　）、　丷　丷　䒑　䒑　𦍌　羊　美　美

3 気持ちが強く表れている言い方のほうに、○をつけましょう。　一つ7〔14点〕

(1)
ア（　）ふとんからはね起きました。
イ（　）ふとんから起きました。

(2)
ア（　）家にとんで帰りました。
イ（　）家にすっとんで帰りました。

答えは71ページ

三年とうげ (1)

月　日

10分　／100点

1 □に当てはまる漢字を書きましょう。　一つ10〔60点〕

(1) ため□(いき)をつく。

(2) □(うつく)しい花。

(3) 山道で□(ころ)ぶ。

(4) □□(びょうき)の人。

(5) □□(いしゃ)に見せる。

(6) お茶を□(の)む。

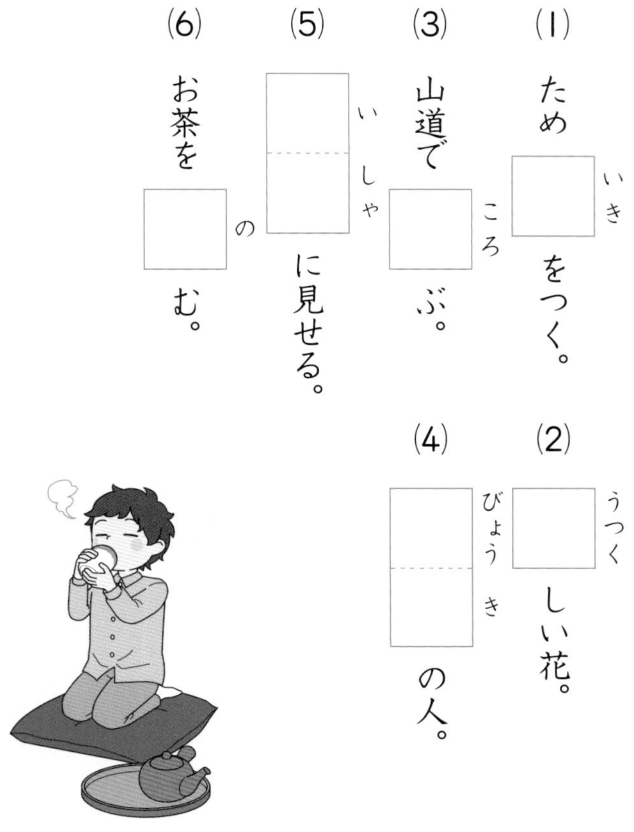

2 (　)に当てはまる言葉をア～オからえらんで、記号で答えましょう。　一つ8〔40点〕

(1) (　)なく。　(2) (　)ふるえる。

(3) (　)暗くなる。　(4) (　)わらう。

(5) (　)ころがる。

ア だんだん　イ おいおい　ウ がたがた

エ にこにこ　オ ころころ

答えは71ページ

三年とうげ ⑵
わたしの町のよいところ

教科書㊦65〜85ページ

月　日

10分

／100点

1 ――の漢字の読みがなを書きましょう。　一つ8〔64点〕

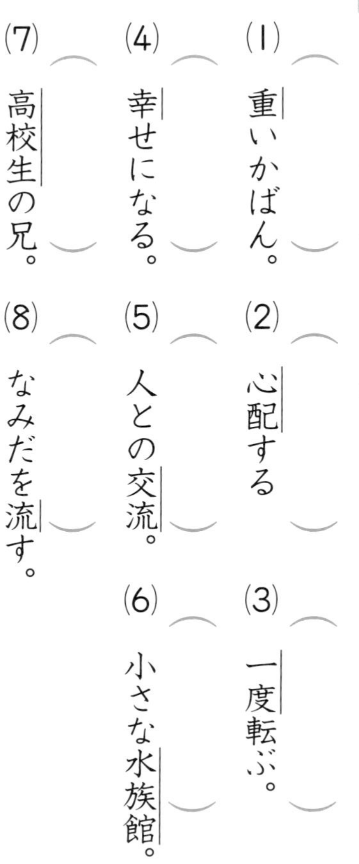

⑴ 重いかばん。（　　）
⑵ 心配する（　　）
⑶ 一度転ぶ。（　　）（　　）
⑷ 幸せになる。（　　）
⑸ 人との交流。（　　）
⑹ 小さな水族館。（　　）
⑺ 高校生の兄。（　　）（　　）
⑻ なみだを流す。（　　）

2 ――の漢字の、二通りの読み方を書きましょう。　一つ6〔24点〕

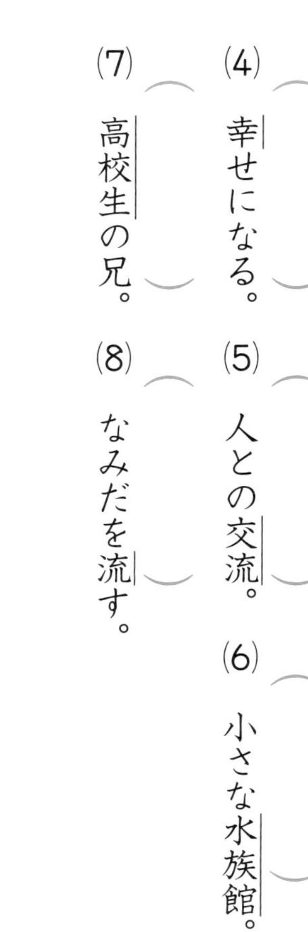

⑴ ① 体重をはかる。（　　）
② 八重ざくら（　　）

⑵ ① 幸福にくらす。（　　）
② 幸い元気だ。（　　）

3 （　）に当てはまる言葉をア〜ウからえらんで、記号で答えましょう。　一つ6〔12点〕

⑴ 春の花が（　　）。
⑵ 帰り道にとうげに（　　）。

ア さしかかる　イ さきみだれる　ウ しがみつく

答えは71ページ

かくにん 26

教科書㊦65〜85ページ

三年とうげ ⑵
わたしの町のよいところ

月　日

10分　／100点

1 □に当てはまる漢字を書きましょう。　ひとつ10〔60点〕

(1) □（おも）い石。

(2) □□（しんぱい）なこと。

(3) □□（いちど）だけ言う。

(4) □（しあわ）せにくらす。

(5) 文化の□□（こうりゅう）。

(6) □□□（すいぞくかん）に行く。

2 ――を漢字に直して、文を全部書きましょう。　〔12点〕

いちどしんぱいしはじめるととまらない。

3 町のよいところをしょうかいする文章を書くとき、どのように書くとよいですか。（　）に当てはまる言葉を、□からえらんで書きましょう　ひとつ7〔28点〕

(1) しょうかいしたいものとその理由を、（　）を使って書き出し、書くことをえらぶ。

(2) 書きたいことを「はじめ」「（　）」「終わり」というまとまりに分けて、（　）を考える。

(3) （　）に分かりやすいように、しょうかいするものとその理由を分けて書く。

組み立て　図　読む人　中

答えは71ページ

教科書㊦94～95ページ

カンジーはかせの音訓かるた

月　日

10分

／100点

1 ――の漢字の読みがなを書きましょう。　一つ4〔72点〕

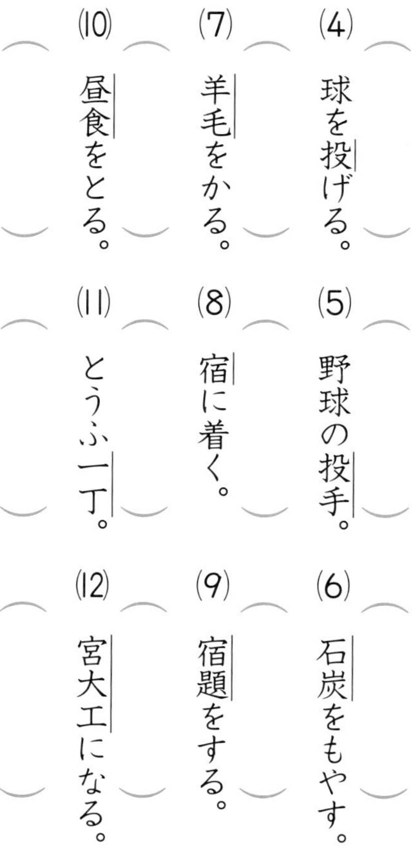

(1) 日記帳

(2) 千代紙をおる。

(3) 右に曲がる。

(4) 球を投げる。

(5) 野球の投手。

(6) 石炭をもやす。

(7) 羊毛をかる。

(8) 宿に着く。

(9) 宿題をする。

(10) 昼食をとる。

(11) とうふ一丁。

(12) 宮大工になる。

(13) 大きな寺院。

(14) お礼の言葉。

(15) 上等のケーキ。

(16) 反対の意見。

(17) 君とぼく。

(18) バスに乗る。

2 ――の漢字の、二通りの読み方を書きましょう。　一つ7〔28点〕

(1) ① 大工の仕事。　② 図画工作

(2) ① 乗車けんを買う。　② 客を乗せる。

答えは71ページ

カンジーはかせの音訓(おんくん)かるた

教科書㊦94～95ページ

月　日

10分　／100点

1 □に当てはまる漢字を書きましょう。　一つ7〔70点〕

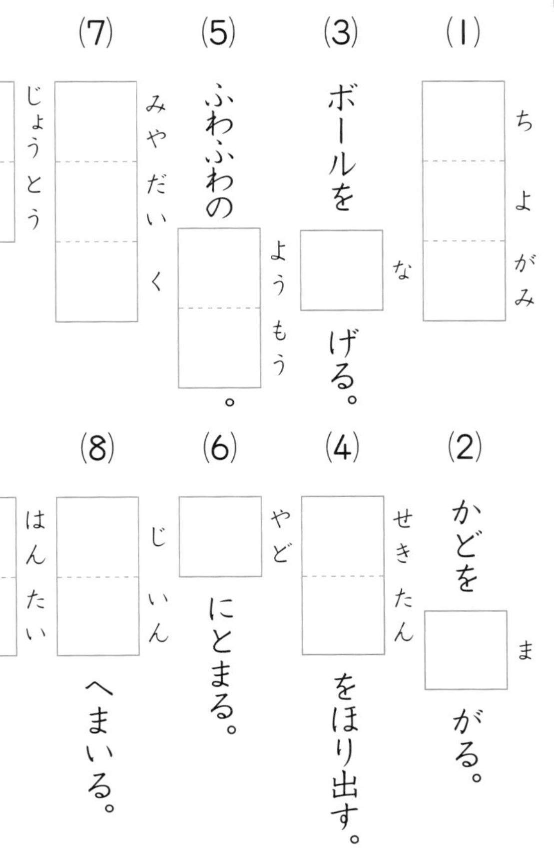

(1) □□□(ちよがみ)

(2) かどを□(ま)がる。

(3) ボールを□(な)げる。

(4) □□(せきたん)をほり出す。

(5) ふわふわの□□(ようもう)。

(6) □(やど)にとまる。

(7) □□□(みやだいく)

(8) □□(じいん)へまいる。

(9) □□(じょうとう)なコート。

(10) □□(はんたい)する

2 ――の部分は同じ漢字で書きます。それを□に書き、読み方が「音(おん)」の場合は○、「訓(くん)」の場合は□を（　）に書きましょう。　一つ5〔30点〕

(1) トラックをうん転して、荷物をはこぶ。
ア（　）　イ（　）　□

(2) 木をやいて作ったすみは、木たんだ。
ア（　）　イ（　）　□

答えは71ページ

教科書㊦96ページ

漢字の広場⑤

月　日

10分　／100点

1 ――の漢字の読みがなを書きましょう。　一つ4〔100点〕

(1) 国語を学ぶ。（　　）
(2) 相手と話す。（　　）
(3) 発言する（　　）
(4) 意見が合う。（　　）
(5) 物音を聞く。（　　）
(6) 算数の問題。（　　）
(7) 計算する（　　）
(8) 問いに答える。（　　）
(9) 道を教える。（　　）
(10) 社会の一員。（　　）
(11) 新聞を読む。（　　）
(12) 事実（じつ）を知る。（　　）
(13) よく考える。（　　）
(14) 音楽をきく。（　　）
(15) 全員の歌声。（　　）
(16) 図画工作（　　）
(17) 紙を切る。（　　）
(18) 絵をかく。（　　）
(19) 画用紙（　　）
(20) 理科の本。（　　）
(21) かん電池（　　）
(22) 電気回路（　　）
(23) 読書をする。（　　）
(24) 今日の日直。（　　）
(25) 黒板に書く。（　　）

答えは72ページ

かくにん28 漢字の広場⑤

教科書㊦96ページ

月　日

10分　／100点

1 □に当てはまる漢字をかきましょう。　一つ4〔100点〕

(1) □□（りか）の学習。

(2) □□□□（ずがこうさく）

(3) □□（こくご）の問題。

(4) □□（はつげん）を□（き）く。

(5) □□（でんち）を使う。

(6) □□（さんすう）の□（こた）え。

(7) □□（こくばん）の□（え）。

(8) □□□（どくしょ）

(9) □□（うたごえ）がひびく。

(10) □□（しんぶん）がすきだ。

(11) □（はな）し□（あ）う

(12) □□（けいさん）を□（き）る。

(13) □□（しゃかい）を□（し）る。

(14) □□（おんがく）をする。

(15) □□（にっちょく）の□（かんが）え。

(16) □□（かんが）の本。

(17) でんきの□□（かいろ）。

(18) やり方を□（おし）える。

答えは72ページ

きほん 29

教科書㊦97～115ページ

ありの行列
つたわる言葉で表そう
たから島のぼうけん

月　日

10分

／100点

1 ――の漢字の読みがなを書きましょう。 一つ6〔78点〕

(1) 庭のすみ。（　　）
(2) 道を外れる。（　　）
(3) 行く手（　　）
(4) 細かな雨。（　　）
(5) 研究をする。（　　）
(6) 行列が交わる。（　　）
(7) 球を打つ。（　　）
(8) 賞(しょう)を受ける。（　　）
(9) たから島（　　）
(10) 校庭を走る。（　　）
(11) 強い打球。（　　）
(12) メールの受信(しん)。（　　）
(13) 日本列島（　　）

2 筆順(じゅん)の正しいほうに、○をつけましょう。 〔6点〕

ア（　　）　、　亠　广　户　庁　庠　庄　庭　庭　庭

イ（　　）　、　亠　广　户　庀　庠　庄　庭　庭　庭

3 次の漢字は何回で書きますか。算用数字を書きましょう。 一つ8〔16点〕

(1) 究（　　）回

(2) 島（　　）回

答えは72ページ

かくにん 29

教科書 ㊦ 97〜115ページ

ありの行列
つたわる言葉で表そう
たから島のぼうけん

月　日

10分　／100点

1 □に当てはまる漢字を書きましょう。　一つ12〔60点〕

(1) □（にわ）に出る。

(2) ありの□□（けんきゅう）。

(3) ボールを□（う）つ。

(4) テストを□（う）ける。

(5) たから□（じま）の地図。

2 物語を書くとき、どのようにくふうするとよいですか。（　）に当てはまる言葉を、[ ]からえらんで書きましょう。　一つ10〔40点〕

(1) 物語のないようを書き出し、①始まり、②出来事が（　　）、③出来事が（　　）、④むすび、と組み立てを整理する。

(2) 場面ごとの（　　）や登場（　　）の気持ち・会話などもくわしく考える。

[かいけつする　起こる　人物　様子]

答えは72ページ

教科書(下)116〜136ページ　月　日

お気に入りの場所、教えます
モチモチの木

10分　／100点

1 ――の漢字の読みがなを書きましょう。　一つ6〔66点〕

(1) 声の強弱。（　　）
(2) 追いかける（　　）
(3) 実を落とす。（　　）
(4) 十月二十日（　　）
(5) 今夜の月。（　　）
(6) 山の神様。（　　）
(7) 薬箱を出す。（　　）
(8) 家の明かり。（　　）
(9) 湯をわかす。（　　）
(10) 他人の話。（　　）
(11) 自分自身（　　）

2 ――の漢字の、二通りの読み方を書きましょう。　一つ9〔18点〕

(1) 弱点をつく。（　　）
(2) 風が弱まる。（　　）

3 話し方をくふうするときに気をつけること二つに、○をつけましょう。　一つ8〔16点〕

ア（　）みんなが聞きやすい声の大きさを考える。
イ（　）なるべく速く話して多くのことをつたえる。
ウ（　）たくさんの写真や絵を次々に見せる。
エ（　）大切なところは声を強めにして言う。

答えは72ページ

教科書 ㊦ 116〜136ページ

お気に入りの場所、教えます
モチモチの木

月　　日

／100点　10分

1 □に当てはまる漢字を書きましょう。　一つ10〔70点〕

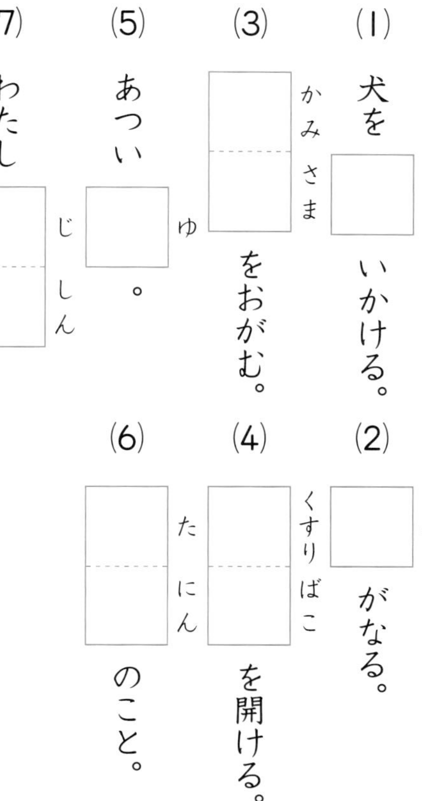

(1) 犬を□（お）いかける。
(2) □（み）がなる。
(3) □□（かみさま）をおがむ。
(4) □□（くすりばこ）を開ける。
(5) あつい□（ゆ）。
(6) □□（たにん）のこと。
(7) わたし□□（じしん）

2 次の言葉とにた意味の言葉を下からえらんで、――でむすびましょう。　一つ6〔30点〕

(1) きもをひやす・　　・ア うずくまる
(2) さいそくする・　　・イ 急がせる
(3) しゃがむ　　・　　・ウ だきつく
(4) しがみつく　・　　・エ 入りこむ
(5) もぐりこむ　・　　・オ ひやりとする

答えは72ページ

漢字の広場⑥

教科書㊦137ページ

月　　日

10分　／100点

1 ――の漢字の読みがなを書きましょう。　一つ4〔100点〕

(1) 春になる。（　　）
(2) 鳥がとぶ。（　　）
(3) 晴れのち雨。（　　）
(4) 明るい部屋。（　　）
(5) 広い野原。（　　）
(6) 昼ごはん（　　）
(7) パンを食べる。（　　）
(8) 暑い夏。（　　）
(9) 海で泳ぐ。（　　）
(10) 魚をつる。（　　）
(11) 白い雲。（　　）
(12) 船に乗る。（　　）
(13) 麦茶を飲む。（　　）
(14) 岩にのぼる。（　　）
(15) 体そうをする。（　　）
(16) 秋風がふく。（　　）
(17) 米を作る。（　　）
(18) 遠い山。（　　）
(19) 汽車が走る。（　　）
(20) 山里の写真。（　　）
(21) 寒い冬。（　　）
(22) 雪がふる。（　　）
(23) 毛糸のぼうし。（　　）
(24) 夜空を見る。（　　）
(25) 星が光る。（　　）

答えは72ページ

かくにん 31

漢字の広場⑥

教科書㊦137ページ

月　日

10分　／100点

1 □に当てはまる漢字を書きましょう。 一つ4〔100点〕

(1) □(さと)を□(ある)く。

(2) □(あか)るいそら。

(3) □□(うみどり)がとぶ。

(4) □□(はるかぜ)がふく。

(5) □□(よぞら)の□(ほし)。

(6) □(ふゆ)に□(ゆき)がふる。

(7) □(あき)に□(こめ)が実る。

(8) □□(のはら)で遊ぶ。

(9) □(ふね)の□(き)笛。

(10) □(さかな)を□(た)べる。

(11) □(ひる)には□(は)れる。

(12) □(なつ)用の□(け)糸。

(13) つめたい□□(むぎちゃ)。

(14) □(くも)が流れる。

(15) □(とお)くの□(いわ)。

(16) ラジオ□(たい)そう

答えは72ページ

1 3・4ページ

1 (1)し (2)ことば (3)がくしゅう
(4)ちゃくもく (5)とうじょう
(6)じんぶつ (7)きも (8)たび
(9)しろいっしょく (10)おうごん
(11)はじ

2 ア

3 (1)12 (2)12 (3)12

★★★

1 (1)詩 (2)言葉 (3)学習 (4)着目
(5)登場 (6)人物 (7)気持 (8)旅
(9)始

2 (1)イ (2)ア (3)エ (4)ウ

2 5・6ページ

1 (1)すす (2)きょう（こんにち）
(3)うご (4)ふか (5)ようす
(6)ひとり (7)くうき
(8)ものがたり (9)ばめん
(10)ふたり

2 (1)イ (2)オ (3)カ (4)エ
(5)ア (6)ウ

★★★

1 (1)進 (2)今日 (3)動 (4)深
(5)様子 (6)一人 (7)空気 (8)物語
(9)場面 (10)二人

2 (1)うっとり (2)うきうき
(3)びっくり (4)にっこり

3 7・8ページ

1 (1)としょかん (2)ばんごう
(3)しら (4)つか (5)と (6)いみ
(7)みずうみ (8)かんじ (9)じゆう
(10)あたた (11)ざけ (12)もんだい
(13)はつばい (14)にんぎょう
(15)ぶんしょう (16)へいき

2 (1)3→2→1 (2)2→3→1
(3)1→3→2

★★★

1 (1)図書館 (2)番号 (3)調
(4)意味 (5)湖 (6)漢字 (7)自由
(8)温 (9)酒 (10)問題 (11)発売
(12)文章 (13)平気

2 (1)かなしい (2)うつくしい
(3)おちる

4 9・10ページ

1 (1)うし (2)な (3)ばいてん
(4)いちまん (5)おな (6)くび

(7)なが　(8)よわ　(9)にとう
(10)うま　(11)じかん　(12)つよ
(13)きいろ　(14)はね　(15)ひろ
(16)たか　(17)もん

2 (1)①おお　②すく
(2)①う　②か

★★★

1 (1)売店・買　(2)弱　(3)首
(4)一万　(5)黄色・羽　(6)鳴
(7)二頭・牛　(8)強・馬　(9)門
(10)売　(11)少・時間　(12)多

2 (1)長　(2)高　(3)広　(4)同

5 11・12ページ

1 (1)き　(2)できごと
(3)ちゅうしん　(4)お　(5)あいて
(6)ようふく　(7)かあ　(8)けつい
(9)ようじ　(10)らくよう　(11)そう

2 (1)イ　(2)ウ　(3)ア

★★★

1 (1)決　(2)出来事　(3)落
(4)相手　(5)洋服

2 今日の出来事をお母さんに語る。

3 (じゅんじょなし)
(1)ア・エ　(2)イ・ウ

6 13・14ページ

1 (1)つぎ　(2)ちょうしょく
(3)そうちょう　(4)ところ
(5)けんどう　(6)ゆうめい
(7)にっこう　(8)こおり
(9)いっぷん　(10)びょう　(11)のうか
(12)しごと　(13)やきゅう　(14)きょく
(15)もくじ　(16)ばしょ
(17)ひょうざん

2 (1)□　(2)○　(3)□　(4)○　(5)○
(6)○　(7)○　(8)□

★★★

1 (1)次　(2)朝食　(3)所　(4)県道
(5)有名　(6)氷　(7)秒　(8)農家
(9)仕事　(10)野球　(11)局

2 (1)温かい水　(2)新しい年

7 15・16ページ

1 (1)ちず　(2)いえ　(3)い　(4)みち
(5)げんき　(6)ほうがく　(7)あ
(8)しんゆう　(9)ふと　(10)ほそ
(11)こころ　(12)ど　(13)とお　(14)たに
(15)ゆみ　(16)あ　(17)てんさい
(18)いわ　(19)まる　(20)と　(21)ひ
(22)ひか　(23)かえ　(24)とち　(25)や

★★★

1 (1)元気・心　(2)丸・岩　(3)帰
(4)弓・引　(5)止　(6)谷・通
(7)親友・会　(8)家・戸　(9)光
(10)方角　(11)天才　(12)行　(13)矢・当
(14)地・図　(15)細・道　(16)太

8 17・18ページ

1 (1)ぜんたい　(2)あそ

(3)はっけん　(4)あらわ　(5)むかし
(6)せかいじゅう　(7)おこな
(8)ひょうめん　(9)もと　(10)はや
(11)よこ　(12)ゆび　(13)じょうず
(14)てつ　(15)あんてい　(16)まった
(17)よ　(18)やす

2 (1)ア　(2)ア

★★★

1 (1)全体　(2)遊　(3)表　(4)昔
(5)世界中　(6)横　(7)指　(8)鉄
(9)安定

2 世界中で、昔から行われている遊び。

9　19・20ページ

1 (1)うんどうかい　(2)よてい
(3)ついたち　(4)そう　(5)かよ
(6)おく　(7)じゅうしょ　(8)はこ
(9)はっそう　(10)す
(11)ぎょうじ　(12)き

2 (1)ウ　(2)ア　(3)イ

3 ア・ウ

★★★

1 (1)運動会　(2)予定　(3)走
(4)通　(5)送　(6)住所

2 (1)ありがとうございます。
〈またはありがとうございました。〉
(2)(ご)あんない(いた)します。

3 イ→ア→ウ

10　21・22ページ

1 (1)まいあさ　(2)かお
(3)にんぎょう　(4)しつない
(5)あね　(6)く　(7)いもうと
(8)はは　(9)い　(10)よる　(11)ちち
(12)とうばん　(13)こんしゅう
(14)にっき　(15)そと　(16)にく
(17)おも　(18)あに　(19)こがたな
(20)つく　(21)たの　(22)ばんぐみ
(23)ごぜん　(24)にちようび
(25)ごご

★★★

1 (1)妹・人形　(2)父・来
(3)姉・日記　(4)母・顔　(5)今週
(6)毎朝　(7)当番　(8)夜・行
(9)曜・午後　(10)何回　(11)午前
(12)楽・番組　(13)弟思・兄
(14)小刀　(15)半分・肉　(16)東京

11　23・24ページ

1 (1)ぐ　(2)ひろ　(3)む　(4)さか
(5)かなぐ　(6)まる　(7)ひめい
(8)みどりいろ　(9)ほどう　(10)ひら
(11)は　(12)かいがん　(13)ろせん
(14)かん　(15)たいめん　(16)かな
(17)りょくちゃ　(18)きし

2 (1)①こう　②かい
(2)①かい　②ぶん

★★★

1
(1)具 (2)拾 (3)向 (4)坂
(5)悲鳴 (6)緑色 (7)開 (8)海岸
(9)路線 (10)感

2
坂を下り、路線バスで海岸に向かう。

12 25・26ページ

1
(1)ちょうし (2)くぎ (3)ひがし
(4)たいよう (5)ととの (6)か
(7)いちぶ (8)きんじょ (9)およ
(10)れんしゅう (11)じょげん
(12)どうわ (13)もう (14)いんよう
(15)しゅっ

2
菜の花

3
(1)ウ (2)イ (3)ア

★★★

1
(1)区切 (2)太陽 (3)整 (4)泳
(5)練習 (6)助言 (7)童話 (8)申

2
(1)その (2)こちら (3)あそこ
(4)どれ

13 27・28ページ

1
(1)おとな (2)しょくひん
(3)しょうひん (4)きゃくさま
(5)ごう (6)とうてん
(7)にゅうがくしき (8)せいてん
(9)ことし (10)きょねん (11)にばい
(12)もうひつ (13)ぎんこう
(14)どうじ (15)ちょくせん
(16)ふつか

2
ア

3
(1)エ (2)イ (3)ウ (4)ア

★★★

1
(1)大人 (2)食品 (3)商品
(4)客様 (5)入学式 (6)去年
(7)二倍 (8)毛筆 (9)銀行

2
わたしは山の中で「おーい。」とさけびました。

14 29・30ページ

1
(1)しらたま (2)あら
(3)しょくぶつ (4)あつ (5)かせき
(6)じめん (7)し (8)つごう

2
(1)イ (2)ウ (3)ア (4)エ

3
(1)イ (2)ア

★★★

1
(1)植物 (2)集 (3)化石
(4)死 (5)都合

2
(1)図・なかま
(2)くわしく・題名

15 31・32ページ

1
(1)りょうて (2)ま (3)かかり
(4)ぜんいん (5)まつ
(6)のうさぎょう

2
(1)ア (2)イ

3
(1)ウ (2)イ (3)ア (4)エ

★★★

1
(1)両手 (2)負 (3)係 (4)全員
(5)祭 (6)農作業

2
ウ→イ→ア

16

33・34ページ

1 (1)てっぱん　(2)でんちゅう
(3)はしらどけい　(4)きゅうじつ
(5)ゆでん　(6)かいこう
(7)めぐすり　(8)くさぶえ
(9)うんかい　(10)しんせつ
(11)ちゅうい　(12)わるもの
(13)かんち　(14)ばいばい
(15)しょうぶ　(16)こうだい
(17)しゃこ　(18)まぢか

2 イ

3 (1)さんずい・イ　(2)ごんべん・ア

★★★

1 (1)鉄板　(2)電柱　(3)油田
(4)開港　(5)目薬　(6)注意　(7)勝負
(8)車庫

2 (1)山　(2)心（気持ち）

3 (1)エ　(2)イ　(3)ア　(4)ウ

17

35・36ページ

1 (1)にゅうりょく　(2)でんぱ
(3)きしゃ　(4)ほうそう
(5)べんきょう

2 (1)ア　(2)イ　(3)イ　(4)ア　(5)ア

3 (1)かみなり　(2)きゅうり
(3)しゃっくり　(4)ほんや
(5)ちゅうがっこう　(6)きんようび
(7)こうちけん

★★★

1 (1)電波　(2)放送　(3)勉強

2 (1) niwatori　(2) kingyo
(3) kitte　(4) nîsan　(5) imôto
(6) rappa　(7) syokki(shokki)
(8) nattô　(9) sen'en　(10) man'in

18

37・38ページ

1 (1)かんそう　(2)とう　(3)にい
(4)しゃしん　(5)れっしゃ　(6)ち
(7)くら　(8)はし

2 (1)①うつ　②しゃ
(2)①ち　②けつ

3 (1)イ　(2)ア

★★★

1 (1)感想　(2)写真　(3)列車　(4)血
(5)暗　(6)橋

2 (1)お父さんが長い列にならぶ。
(2)お兄ちゃんの足から血が出ていた。

3 (1)イ　(2)ア　(3)ウ　(4)エ

19

39・40ページ

1 (1)あつ　(2)さむ　(3)かる
(4)いのち　(5)だいいち　(6)あき

2 (1)①あつ　②しょ
(2)①けい　②かる

3 (1)ア　(2)イ　(3)イ

★★★

1 (1)暑　(2)寒　(3)軽　(4)命
(5)第　(6)明

2 (1)暑い日に橋をわたる。

(2)寒くて暗いへやを明るくする。

20 41・42ページ

1 (1)かえ (2)しゅご
(3)あす(あした) (4)きゅうしゅう
(5)ふうせん (6)やね (7)にもつ
(8)まも (9)やくだ (10)しんまい

2 (1)エ (2)イ (3)ウ (4)ア

★★★

1 (1)返 (2)主語 (3)明日 (4)九州
(5)風船 (6)屋根 (7)荷物 (8)守
(9)役立 (10)新米

2 (1)作りました (2)ヒマワリが
(3)会社に

21 43・44ページ

1 (1)だいず (2)そだ (3)しょうか
(4)まめ (5)と (6)じき (7)はたけ
(8)お

2 (1)①いく ②はぐく
(2)①き ②け

3 (1)ウ (2)ア (3)エ (4)イ

★★★

1 (1)大豆 (2)育 (3)消化 (4)取
(5)時期 (6)畑 (7)終

2 (1)つぶす (2)出す (3)まぜる
(4)入れる (5)合う

22 45・46ページ

1 (1)ふく (2)いそ (3)はやお
(4)く (5)たしょう (6)ま
(7)そうだん

2 (1)イ (2)エ (3)オ (4)カ (5)ウ
(6)ア

★★★

1 (1)福 (2)急 (3)早起 (4)苦
(5)待 (6)相談

2 (1)ねこ (2)馬 (3)犬

3 (1)エ (2)ア

23 47・48ページ

1 (1)はな (2)は (3)ま
(4)ちゅうおう (5)にかい
(6)へや (7)けさ (8)いいんかい
(9)がっきゅう (10)しょうわ
(11)えき (12)おそ (13)かわ (14)さら
(15)たんか

2 ア

3 (1)①ま ②こう
(2)①い ②ゆだ

★★★

1 (1)鼻 (2)歯 (3)中央 (4)二階
(5)委員会 (6)学級 (7)昭和
(8)駅 (9)皮 (10)皿

2 ア・ウ

24 49・50ページ

1 (1)じどうしゃ (2)いえ (3)ふる
(4)こうえん (5)きんじょ
(6)あたら (7)かっき (8)てんすう

(9)にし　(10)こうばん　(11)ひろば
(12)てんもんだい　(13)いちば
(14)ひがし　(15)はし　(16)てら
(17)せんろ　(18)みなみ　(19)きた

2 (1)①か　②け　(2)①かず　②かぞ

★ ★ ★

1 (1)線路・東　(2)交番　(3)家・走
(4)近所・寺　(5)点数　(6)古・自動
(7)新　(8)活気　(9)台　(10)市場・西
(11)北・公園　(12)南・広場

2 (1)家から寺の西を通って公園まで走る。
(2)活気がある新しい市場へ自動車で行く。

25　51・52ページ

1 (1)いき　(2)うつく　(3)ころ
(4)ま・さお　(5)びょうき
(6)いしゃ　(7)の　(8)しょうそく
(9)びか　(10)てんこう　(11)やまい
(12)いんしょく

2 (1)ア　(2)イ

3 (1)ア　(2)イ

★ ★ ★

1 (1)息　(2)美　(3)転　(4)病気
(5)医者　(6)飲

2 (1)イ　(2)ウ　(3)ア　(4)エ　(5)オ

26　53・54ページ

1 (1)おも　(2)しんぱい　(3)いちど
(4)しあわ　(5)こうりゅう
(6)すいぞくかん　(7)こうこうせい
(8)なが

2 (1)①じゅう　②え
(2)①こう　②さいわ

3 (1)イ　(2)ア

★ ★ ★

1 (1)重　(2)心配　(3)一度　(4)幸
(5)交流　(6)水族館

2 一度心配し始めると止まらない。

3 (1)図　(2)中・組み立て
(3)読む人

27　55・56ページ

1 (1)にっきちょう　(2)ちよがみ
(3)ま　(4)な　(5)とうしゅ
(6)せきたん　(7)ようもう　(8)やど
(9)しゅくだい　(10)ちゅうしょく
(11)いっちょう　(12)みやだいく
(13)じいん　(14)れい　(15)じょうとう
(16)はんたい　(17)きみ　(18)の

2 (1)①く　②こう
(2)①じょう　②の

★ ★ ★

1 (1)千代紙　(2)曲　(3)投
(4)石炭　(5)羊毛　(6)宿
(7)宮大工　(8)寺院　(9)上等
(10)反対

2 (1)運・ア○　イ□
(2)炭・ア□　イ○

28 57・58ページ

1
(1)こくご (2)はな (3)はつげん
(4)あ (5)き (6)さんすう
(7)けいさん (8)こた (9)おし
(10)しゃかい (11)しんぶん (12)し
(13)かんが (14)おんがく
(15)うたごえ (16)ずがこうさく
(17)き (18)え (19)がようし (20)りか
(21)でんち (22)かいろ (23)どくしょ
(24)にっちょく (25)こくばん

★★★

1
(1)理科 (2)図画工作 (3)国語
(4)発言・聞 (5)電池 (6)算数・答
(7)黒板・絵 (8)画用紙 (9)歌声
(10)読書 (11)話・合 (12)新聞・切
(13)社会・知 (14)計算 (15)日直・考
(16)音楽 (17)回路 (18)教

29 59・60ページ

1
(1)にわ (2)はず (3)ゆ (4)こま
(5)けんきゅう (6)まじ (7)う
(8)う (9)じま (10)こうてい
(11)だきゅう (12)じゅ (13)れっとう

2
イ

3
(1)7 (2)10

★★★

1
(1)庭 (2)研究 (3)打 (4)受 (5)島

2
(1)起こる・かいけつする
(2)様子・人物

30 61・62ページ

1
(1)きょうじゃく (2)お (3)み
(4)はつか (5)こんや (6)かみさま
(7)くすりばこ (8)あ (9)ゆ
(10)たにん (11)じしん

2
(1)じゃく (2)よわ

3
ア・エ

★★★

1
(1)追 (2)実 (3)神様 (4)薬箱
(5)湯 (6)他人 (7)自身

2
(1)オ (2)イ (3)ア (4)ウ (5)エ

31 63・64ページ

1
(1)はる (2)とり (3)は (4)あか
(5)のはら (6)ひる (7)た (8)なつ
(9)うみ (10)さかな (11)くも
(12)ふね (13)むぎちゃ (14)いわ
(15)たい (16)あきかぜ (17)こめ
(18)とお (19)きしゃ (20)やまざと
(21)ふゆ (22)ゆき (23)けいと
(24)よぞら (25)ほし

★★★

1
(1)里・歩 (2)明 (3)海鳥
(4)春風 (5)夜空・星 (6)冬・雪
(7)秋・米 (8)野原 (9)船・汽
(10)魚・食 (11)昼・晴 (12)夏・毛
(13)麦茶 (14)雲 (15)遠・岩 (16)体

3 2 1 0 9 8 7 6 5 4 ＊＊ D C B A